DO IT

 NOW!

Pat Croce's Daily Action Plan for Guaranteed Success

ISBN 0-7624-1824-9

Designed by Dustin Summers
Edited by Greg Jones

This book may be ordered by mail from the publisher.
Please include $2.50 for postage and handling.
But try your bookstore first!

Running Press Book Publishers
125 South Twenty-second Street
Philadelphia, Pennsylvania 19103-4399

Visit Pat Croce on the web!
www.ifeelgreat.com

Visit us on the web!
www.runningpress.com

There are many ways to record what we need to do, plan to do, know we should do, or intend to do. Some use daily planners or to-do lists; others jot random notes on papers stuffed into pockets or under magnets on the refrigerator; still others try to rely on "mental" notes.

Let me suggest something new: the *Do It Now!* journal.

Like most of us in this multi-tasking world, I can lose my train of thought, forget what I intended to do, lose important scrap papers, get distracted, and leave things for tomorrow. But rather than let opportunities slip through my fingers that I could seize today, I have learned to write down in my *Do It Now!* journal all the tasks, large and small, that I need to complete to ensure that all my plans, large and small, stay on the fast track to achievement. I regularly review my journal, add action items to it, and check off completed action items throughout the day.

Your *Do It Now!* journal will help you keep all areas of your life in order and moving forward with urgency and efficiency. You should use your *Do It Now!* journal daily to maintain your diet and exercise plan, search for a new job, stoke a hot deal in progress, make and return important phone calls, remember to pick up a special gift, keep a date with a realtor or doctor or investor, pick up the kids from soccer practice, and so on. No task is too big or too small for your *Do It Now!* journal.

Of course, some action items will remain undone on certain busy days. So be sure to transfer those items you did not get done today as things to do tomorrow—the *Do It Now!* journal offers a user-friendly system to do just that. And also be sure to prioritize the most important action items at the top of your daily list. This will help you relax and eliminate the fear of forgetting an important to-do item.

On those down days when you feel that you've gotten nothing accomplished, you can look back through your *Do It Now!* journal and realize how many little things you did do that added up to small but significant steps toward big and important achievements. Doing so will energize and inspire you to resume your daily action plan with renewed vigor and dedication.

I have found that writing and working in your *Do It Now!* journal regularly is one of the most effective ways to keep you moving upward and onward in everything you do.

Your chances for success are greatest when you *Do It Now!*

QUOTE OF THE DAY: Read and be motivated by the daily qoute.

ACTION PLAN: **DATE:** **FOLLOW-UP**

☐ _____ ☐
☐ _____ ☐

Prioritize and list all activities, responsibilities, and errands to be completed each day. Transfer still-to-do items to next day's action plan.

Place a check or number in these boxes for each action item that requires a follow-up step or meeting. Then write in the follow-up on the next page.

REMINDERS

Use this space for important reminders and other notes.

KEY

| ☑ Action item completed | ☒ See follow-up Action item |
| ☐ Left Message | ☐ Action still-to-do |

Use this key to fill in the boxes above to indicate action-item status.

- - - - - ↑— LEFT PAGE - RIGHT PAGE ┐ - - - - -
↓

WORD OF THE DAY: Refer to the Word of the Day for constant inspiration and direction.

FOLLOW-UP ACTION ITEMS **DATE** **TIME**

☐ _____ _____ @_____
☐ _____ _____ @_____

Number and/or check these boxes to indicate status of follow-up actions and meeting times.
Transfer still-to-do follow-up items to next day's action plan.
Transfer meeting information to your appointment book at end of day.

FOLLOW-UP NAMES & NUMBERS

NAME: _____ NAME: _____
PHONE: _____ PHONE: _____
ADDRESS: _____ ADDRESS: _____
_____
EMAIL: _____ EMAIL: _____

Fill in telephone numbers and addresses here while on the phone or during meetings to post in your address book at the end of the day.

NOTES

—Use these lines to jot down thoughts, ideas, inspirations, and other miscellaneous notes.

"Do it today so as not to suffer a regret tomorrow."
– Pat Croce

ACTION PLAN: **DATE:** _____ **FOLLOW-UP**

REMINDERS

_____
_____
_____
_____
_____

KEY	☑ Action item completed	☒ See follow-up Action item
	⦿ Left Message	☐ Action still to do

FOLLOW-UP ACTION ITEMS | DATE | TIME

- [ ] _____ _____ @ _____
- [ ] _____ _____ @ _____
- [ ] _____ _____ @ _____
- [ ] _____ _____ @ _____
- [ ] _____ _____ @ _____
- [ ] _____ _____ @ _____
- [ ] _____ _____ @ _____
- [ ] _____ _____ @ _____
- [ ] _____ _____ @ _____
- [ ] _____ _____ @ _____
- [ ] _____ _____ @ _____
- [ ] _____ _____ @ _____
- [ ] _____ _____ @ _____
- [ ] _____ _____ @ _____

FOLLOW-UP NAMES & NUMBERS

NAME: _____ NAME: _____
PHONE: _____ PHONE: _____
ADDRESS: _____ ADDRESS: _____
_____ _____
EMAIL: _____ EMAIL: _____

NAME: _____ NAME: _____
PHONE: _____ PHONE: _____
ADDRESS: _____ ADDRESS: _____
_____ _____
EMAIL: _____ EMAIL: _____

NAME: _____ NAME: _____
PHONE: _____ PHONE: _____
ADDRESS: _____ ADDRESS: _____
_____ _____
EMAIL: _____ EMAIL: _____

NOTES

_____
_____
_____
_____
_____

"The ancestor to every action is a thought."
— Ralph Waldo Emerson

ACTION PLAN: DATE: _____   FOLLOW-UP

- ☐ _____ ☐
- ☐ _____ ☐
- ☐ _____ ☐
- ☐ _____ ☐
- ☐ _____ ☐
- ☐ _____ ☐
- ☐ _____ ☐
- ☐ _____ ☐
- ☐ _____ ☐
- ☐ _____ ☐
- ☐ _____ ☐
- ☐ _____ ☐
- ☐ _____ ☐
- ☐ _____ ☐
- ☐ _____ ☐
- ☐ _____ ☐
- ☐ _____ ☐
- ☐ _____ ☐
- ☐ _____ ☐
- ☐ _____ ☐
- ☐ _____ ☐
- ☐ _____ ☐
- ☐ _____ ☐

REMINDERS

_____
_____
_____
_____
_____

KEY

☑	Action item completed	☒	See follow-up Action item
☐	Left Message	☐	Action still to do

FOLLOW-UP ACTION ITEMS | DATE | TIME

- ☐ _____ _____ @ _____
- ☐ _____ _____ @ _____
- ☐ _____ _____ @ _____
- ☐ _____ _____ @ _____
- ☐ _____ _____ @ _____
- ☐ _____ _____ @ _____
- ☐ _____ _____ @ _____
- ☐ _____ _____ @ _____
- ☐ _____ _____ @ _____
- ☐ _____ _____ @ _____
- ☐ _____ _____ @ _____
- ☐ _____ _____ @ _____
- ☐ _____ _____ @ _____
- ☐ _____ _____ @ _____

FOLLOW-UP NAMES & NUMBERS

NAME: _____ NAME: _____
PHONE: _____ PHONE: _____
ADDRESS: _____ ADDRESS: _____
_____ _____
EMAIL: _____ EMAIL: _____

NAME: _____ NAME: _____
PHONE: _____ PHONE: _____
ADDRESS: _____ ADDRESS: _____
_____ _____
EMAIL: _____ EMAIL: _____

NAME: _____ NAME: _____
PHONE: _____ PHONE: _____
ADDRESS: _____ ADDRESS: _____
_____ _____
EMAIL: _____ EMAIL: _____

NOTES

_____
_____
_____
_____
_____

"Nothing so conclusively proves a man's ability to lead others as what he does from day to day to lead himself."

– Thomas J. Watson

ACTION PLAN:　　　　**DATE:** _____　　　　**FOLLOW-UP**

REMINDERS

_____
_____
_____
_____
_____

KEY

☑ Action item completed　　　☒ See follow-up Action item

▣ Left Message　　　☐ Action still to do

WORD OF THE DAY: CREATIVE

FOLLOW-UP ACTION ITEMS	DATE	TIME
☐ _____	_____	@ _____
☐ _____	_____	@ _____
☐ _____	_____	@ _____
☐ _____	_____	@ _____
☐ _____	_____	@ _____
☐ _____	_____	@ _____
☐ _____	_____	@ _____
☐ _____	_____	@ _____
☐ _____	_____	@ _____
☐ _____	_____	@ _____
☐ _____	_____	@ _____
☐ _____	_____	@ _____
☐ _____	_____	@ _____
☐ _____	_____	@ _____

FOLLOW-UP NAMES & NUMBERS

NAME: _____
PHONE: _____
ADDRESS: _____
_____
EMAIL: _____

NAME: _____
PHONE: _____
ADDRESS: _____
_____
EMAIL: _____

NAME: _____
PHONE: _____
ADDRESS: _____
_____
EMAIL: _____

NAME: _____
PHONE: _____
ADDRESS: _____
_____
EMAIL: _____

NAME: _____
PHONE: _____
ADDRESS: _____
_____
EMAIL: _____

NAME: _____
PHONE: _____
ADDRESS: _____
_____
EMAIL: _____

NOTES

_____
_____
_____
_____
_____

"There is no "have to" in the journey of life. You don't "have to" do anything ... nothing, nada, zip, zilch. You can either choose to do it or you can choose the consequences."

– Pat Croce

ACTION PLAN:　　　　**DATE:** _____　　　　**FOLLOW-UP**

☐ _____ ☐
☐ _____ ☐
☐ _____ ☐
☐ _____ ☐
☐ _____ ☐
☐ _____ ☐
☐ _____ ☐
☐ _____ ☐
☐ _____ ☐
☐ _____ ☐
☐ _____ ☐
☐ _____ ☐
☐ _____ ☐
☐ _____ ☐
☐ _____ ☐
☐ _____ ☐
☐ _____ ☐
☐ _____ ☐
☐ _____ ☐
☐ _____ ☐
☐ _____ ☐
☐ _____ ☐
☐ _____ ☐

REMINDERS

_____
_____
_____
_____
_____

KEY

☑ Action item completed　　　☒ See follow-up Action item
▣ Left Message　　　　　　　☐ Action still to do

FOLLOW-UP ACTION ITEMS   DATE   TIME

- [ ] _____ _____ @ _____
- [ ] _____ _____ @ _____
- [ ] _____ _____ @ _____
- [ ] _____ _____ @ _____
- [ ] _____ _____ @ _____
- [ ] _____ _____ @ _____
- [ ] _____ _____ @ _____
- [ ] _____ _____ @ _____
- [ ] _____ _____ @ _____
- [ ] _____ _____ @ _____
- [ ] _____ _____ @ _____
- [ ] _____ _____ @ _____
- [ ] _____ _____ @ _____
- [ ] _____ _____ @ _____

FOLLOW-UP NAMES & NUMBERS

NAME: _____   NAME: _____
PHONE: _____   PHONE: _____
ADDRESS: _____   ADDRESS: _____
_____   _____
EMAIL: _____   EMAIL: _____

NAME: _____   NAME: _____
PHONE: _____   PHONE: _____
ADDRESS: _____   ADDRESS: _____
_____   _____
EMAIL: _____   EMAIL: _____

NAME: _____   NAME: _____
PHONE: _____   PHONE: _____
ADDRESS: _____   ADDRESS: _____
_____   _____
EMAIL: _____   EMAIL: _____

NOTES

_____
_____
_____
_____
_____

"To avoid criticism, do nothing, say nothing, and be nothing."

– Elbert Hubbard

ACTION PLAN: DATE: FOLLOW-UP

- [ ] _____ [ ]
- [ ] _____ [ ]
- [ ] _____ [ ]
- [ ] _____ [ ]
- [ ] _____ [ ]
- [ ] _____ [ ]
- [ ] _____ [ ]
- [ ] _____ [ ]
- [ ] _____ [ ]
- [ ] _____ [ ]
- [ ] _____ [ ]
- [ ] _____ [ ]
- [ ] _____ [ ]
- [ ] _____ [ ]
- [ ] _____ [ ]
- [ ] _____ [ ]
- [ ] _____ [ ]
- [ ] _____ [ ]
- [ ] _____ [ ]
- [ ] _____ [ ]
- [ ] _____ [ ]
- [ ] _____ [ ]
- [ ] _____ [ ]
- [ ] _____ [ ]

REMINDERS

_____
_____
_____
_____
_____

KEY

☑ Action item completed   ☒ See follow-up Action item
◉ Left Message   ☐ Action still to do

WORD OF THE DAY: SMILE

FOLLOW-UP ACTION ITEMS	DATE	TIME
☐ _____	_____	@ _____
☐ _____	_____	@ _____
☐ _____	_____	@ _____
☐ _____	_____	@ _____
☐ _____	_____	@ _____
☐ _____	_____	@ _____
☐ _____	_____	@ _____
☐ _____	_____	@ _____
☐ _____	_____	@ _____
☐ _____	_____	@ _____
☐ _____	_____	@ _____
☐ _____	_____	@ _____
☐ _____	_____	@ _____
☐ _____	_____	@ _____

FOLLOW-UP NAMES & NUMBERS

NAME: _____
PHONE: _____
ADDRESS: _____
_____
EMAIL: _____

NAME: _____
PHONE: _____
ADDRESS: _____
_____
EMAIL: _____

NAME: _____
PHONE: _____
ADDRESS: _____
_____
EMAIL: _____

NAME: _____
PHONE: _____
ADDRESS: _____
_____
EMAIL: _____

NAME: _____
PHONE: _____
ADDRESS: _____
_____
EMAIL: _____

NAME: _____
PHONE: _____
ADDRESS: _____
_____
EMAIL: _____

NOTES

_____
_____
_____
_____
_____

"Leadership is action, not position."
– Donald H. McGannon

ACTION PLAN: DATE: FOLLOW-UP

REMINDERS

FOLLOW-UP ACTION ITEMS | DATE | TIME

- [ ] _____ _____ @ _____
- [ ] _____ _____ @ _____
- [ ] _____ _____ @ _____
- [ ] _____ _____ @ _____
- [ ] _____ _____ @ _____
- [ ] _____ _____ @ _____
- [ ] _____ _____ @ _____
- [ ] _____ _____ @ _____
- [ ] _____ _____ @ _____
- [ ] _____ _____ @ _____
- [ ] _____ _____ @ _____
- [ ] _____ _____ @ _____
- [ ] _____ _____ @ _____
- [ ] _____ _____ @ _____

FOLLOW-UP NAMES & NUMBERS

NAME: _____ NAME: _____
PHONE: _____ PHONE: _____
ADDRESS: _____ ADDRESS: _____
_____ _____
EMAIL: _____ EMAIL: _____

NAME: _____ NAME: _____
PHONE: _____ PHONE: _____
ADDRESS: _____ ADDRESS: _____
_____ _____
EMAIL: _____ EMAIL: _____

NAME: _____ NAME: _____
PHONE: _____ PHONE: _____
ADDRESS: _____ ADDRESS: _____
_____ _____
EMAIL: _____ EMAIL: _____

NOTES

_____
_____
_____
_____
_____

"Until you actually make a physical move and take action, all the dreaming and scheming in the world will get you nowhere near your vision."

– Pat Croce

ACTION PLAN: DATE: _____   FOLLOW-UP

REMINDERS

_____
_____
_____
_____
_____

VOLUNTEER

FOLLOW-UP ACTION ITEMS | DATE | TIME

- [ ] _____ _____ @ _____
- [ ] _____ _____ @ _____
- [ ] _____ _____ @ _____
- [ ] _____ _____ @ _____
- [ ] _____ _____ @ _____
- [ ] _____ _____ @ _____
- [ ] _____ _____ @ _____
- [ ] _____ _____ @ _____
- [ ] _____ _____ @ _____
- [ ] _____ _____ @ _____
- [ ] _____ _____ @ _____
- [ ] _____ _____ @ _____
- [ ] _____ _____ @ _____
- [ ] _____ _____ @ _____

FOLLOW-UP NAMES & NUMBERS

NAME: _____   NAME: _____
PHONE: _____   PHONE: _____
ADDRESS: _____   ADDRESS: _____
_____   _____
EMAIL: _____   EMAIL: _____

NAME: _____   NAME: _____
PHONE: _____   PHONE: _____
ADDRESS: _____   ADDRESS: _____
_____   _____
EMAIL: _____   EMAIL: _____

NAME: _____   NAME: _____
PHONE: _____   PHONE: _____
ADDRESS: _____   ADDRESS: _____
_____   _____
EMAIL: _____   EMAIL: _____

NOTES

_____
_____
_____
_____
_____

"The act of taking the first step is what separates the winners from the losers."
– Brian Tracy

ACTION PLAN: DATE: _____ FOLLOW-UP

- [ ] _____ [ ]
- [ ] _____ [ ]
- [ ] _____ [ ]
- [ ] _____ [ ]
- [ ] _____ [ ]
- [ ] _____ [ ]
- [ ] _____ [ ]
- [ ] _____ [ ]
- [ ] _____ [ ]
- [ ] _____ [ ]
- [ ] _____ [ ]
- [ ] _____ [ ]
- [ ] _____ [ ]
- [ ] _____ [ ]
- [ ] _____ [ ]
- [ ] _____ [ ]
- [ ] _____ [ ]
- [ ] _____ [ ]
- [ ] _____ [ ]
- [ ] _____ [ ]
- [ ] _____ [ ]
- [ ] _____ [ ]
- [ ] _____ [ ]
- [ ] _____ [ ]

REMINDERS

_____
_____
_____
_____

KEY

☑ Action item completed   ☒ See follow-up Action item
▣ Left Message   ☐ Action still to do

FOLLOW-UP ACTION ITEMS

	DATE	TIME
☐ _____	_____	@ _____
☐ _____	_____	@ _____
☐ _____	_____	@ _____
☐ _____	_____	@ _____
☐ _____	_____	@ _____
☐ _____	_____	@ _____
☐ _____	_____	@ _____
☐ _____	_____	@ _____
☐ _____	_____	@ _____
☐ _____	_____	@ _____
☐ _____	_____	@ _____
☐ _____	_____	@ _____
☐ _____	_____	@ _____
☐ _____	_____	@ _____

FOLLOW-UP NAMES & NUMBERS

NAME: _____
PHONE: _____
ADDRESS: _____
_____
EMAIL: _____

NAME: _____
PHONE: _____
ADDRESS: _____
_____
EMAIL: _____

NAME: _____
PHONE: _____
ADDRESS: _____
_____
EMAIL: _____

NAME: _____
PHONE: _____
ADDRESS: _____
_____
EMAIL: _____

NAME: _____
PHONE: _____
ADDRESS: _____
_____
EMAIL: _____

NAME: _____
PHONE: _____
ADDRESS: _____
_____
EMAIL: _____

NOTES

_____
_____
_____
_____
_____
_____

"We are what we repeatedly do."
— Aristotle

ACTION PLAN: **DATE:**   **FOLLOW-UP**

REMINDERS

KEY

☑ Action item completed   ☒ See follow-up Action item

▣ Left Message   ▢ Action still to do

CONFIDENCE

FOLLOW-UP ACTION ITEMS | DATE | TIME

- [ ] _____ _____ @ _____
- [ ] _____ _____ @ _____
- [ ] _____ _____ @ _____
- [ ] _____ _____ @ _____
- [ ] _____ _____ @ _____
- [ ] _____ _____ @ _____
- [ ] _____ _____ @ _____
- [ ] _____ _____ @ _____
- [ ] _____ _____ @ _____
- [ ] _____ _____ @ _____
- [ ] _____ _____ @ _____
- [ ] _____ _____ @ _____
- [ ] _____ _____ @ _____
- [ ] _____ _____ @ _____

FOLLOW-UP NAMES & NUMBERS

NAME: _____
PHONE: _____
ADDRESS: _____
_____
EMAIL: _____

NAME: _____
PHONE: _____
ADDRESS: _____
_____
EMAIL: _____

NAME: _____
PHONE: _____
ADDRESS: _____
_____
EMAIL: _____

NAME: _____
PHONE: _____
ADDRESS: _____
_____
EMAIL: _____

NAME: _____
PHONE: _____
ADDRESS: _____
_____
EMAIL: _____

NAME: _____
PHONE: _____
ADDRESS: _____
_____
EMAIL: _____

NOTES

_____
_____
_____
_____
_____

"Every day, you have the chance to do or say something that will cause ripples of influence that will wash against lives."

– Pat Croce

ACTION PLAN: DATE: FOLLOW-UP

REMINDERS

KEY
☑ Action item completed   ☒ See follow-up Action item
▣ Left Message   ☐ Action still to do

FOLLOW-UP ACTION ITEMS

	DATE	TIME
☐ _____		@_____
☐ _____		@_____
☐ _____		@_____
☐ _____		@_____
☐ _____		@_____
☐ _____		@_____
☐ _____		@_____
☐ _____		@_____
☐ _____		@_____
☐ _____		@_____
☐ _____		@_____
☐ _____		@_____
☐ _____		@_____
☐ _____		@_____

FOLLOW-UP NAMES & NUMBERS

NAME: _____   NAME: _____
PHONE: _____   PHONE: _____
ADDRESS: _____   ADDRESS: _____
_____   _____
EMAIL: _____   EMAIL: _____

NAME: _____   NAME: _____
PHONE: _____   PHONE: _____
ADDRESS: _____   ADDRESS: _____
_____   _____
EMAIL: _____   EMAIL: _____

NAME: _____   NAME: _____
PHONE: _____   PHONE: _____
ADDRESS: _____   ADDRESS: _____
_____   _____
EMAIL: _____   EMAIL: _____

NOTES

_____
_____
_____
_____
_____

"Without involvement, there is no commitment.
Mark it down, asterisk it, circle it, underline it.
No involvement, no commitment."

– Stephen Covey

ACTION PLAN:　　　　　DATE:　　　　　　　　　　FOLLOW-UP

REMINDERS

KEY

☑ Action item completed ☒ See follow-up Action item

⊡ Left Message ☐ Action still to do

FOLLOW-UP ACTION ITEMS

	DATE	TIME
☐		@
☐		@
☐		@
☐		@
☐		@
☐		@
☐		@
☐		@
☐		@
☐		@
☐		@
☐		@
☐		@
☐		@

FOLLOW-UP NAMES & NUMBERS

NAME: _____
PHONE: _____
ADDRESS: _____
_____
EMAIL: _____

NAME: _____
PHONE: _____
ADDRESS: _____
_____
EMAIL: _____

NAME: _____
PHONE: _____
ADDRESS: _____
_____
EMAIL: _____

NAME: _____
PHONE: _____
ADDRESS: _____
_____
EMAIL: _____

NAME: _____
PHONE: _____
ADDRESS: _____
_____
EMAIL: _____

NAME: _____
PHONE: _____
ADDRESS: _____
_____
EMAIL: _____

NOTES

_____
_____
_____
_____
_____

"The undertaking of a new action brings new strength."

– Evenius

ACTION PLAN: **DATE:** _____ **FOLLOW-UP**

- [ ] _____ [ ]
- [ ] _____ [ ]
- [ ] _____ [ ]
- [ ] _____ [ ]
- [ ] _____ [ ]
- [ ] _____ [ ]
- [ ] _____ [ ]
- [ ] _____ [ ]
- [ ] _____ [ ]
- [ ] _____ [ ]
- [ ] _____ [ ]
- [ ] _____ [ ]
- [ ] _____ [ ]
- [ ] _____ [ ]
- [ ] _____ [ ]
- [ ] _____ [ ]
- [ ] _____ [ ]
- [ ] _____ [ ]
- [ ] _____ [ ]
- [ ] _____ [ ]
- [ ] _____ [ ]
- [ ] _____ [ ]
- [ ] _____ [ ]
- [ ]

REMINDERS

_____
_____
_____
_____
_____

KEY

| ✔ Action item completed | ✘ See follow-up Action item |
| ● Left Message | ☐ Action still to do |

FOLLOW-UP ACTION ITEMS | DATE | TIME

- ☐ _____ _____ @ _____
- ☐ _____ _____ @ _____
- ☐ _____ _____ @ _____
- ☐ _____ _____ @ _____
- ☐ _____ _____ @ _____
- ☐ _____ _____ @ _____
- ☐ _____ _____ @ _____
- ☐ _____ _____ @ _____
- ☐ _____ _____ @ _____
- ☐ _____ _____ @ _____
- ☐ _____ _____ @ _____
- ☐ _____ _____ @ _____
- ☐ _____ _____ @ _____
- ☐ _____ _____ @ _____

FOLLOW-UP NAMES & NUMBERS

NAME: _____   NAME: _____
PHONE: _____   PHONE: _____
ADDRESS: _____   ADDRESS: _____
_____   _____
EMAIL: _____   EMAIL: _____

NAME: _____   NAME: _____
PHONE: _____   PHONE: _____
ADDRESS: _____   ADDRESS: _____
_____   _____
EMAIL: _____   EMAIL: _____

NAME: _____   NAME: _____
PHONE: _____   PHONE: _____
ADDRESS: _____   ADDRESS: _____
_____   _____
EMAIL: _____   EMAIL: _____

NOTES

_____
_____
_____
_____
_____

"Deals do die, promises are broken, sales are
stolen, love is lost, and opportunities will vanish
while you wait or wonder what hapened to that
great or small something that you meant to do."

– Pat Croce

ACTION PLAN: DATE: FOLLOW-UP

REMINDERS

KEY   ☑ Action item completed   ☒ See follow-up Action item
           ⊡ Left Message   ☐ Action still to do

WISDOM

FOLLOW-UP ACTION ITEMS | DATE | TIME

☐ _____ _____ @_____
☐ _____ _____ @_____
☐ _____ _____ @_____
☐ _____ _____ @_____
☐ _____ _____ @_____
☐ _____ _____ @_____
☐ _____ _____ @_____
☐ _____ _____ @_____
☐ _____ _____ @_____
☐ _____ _____ @_____
☐ _____ _____ @_____
☐ _____ _____ @_____
☐ _____ _____ @_____
☐ _____ _____ @_____

FOLLOW-UP NAMES & NUMBERS

NAME: _____   NAME: _____
PHONE: _____   PHONE: _____
ADDRESS: _____   ADDRESS: _____
_____   _____
EMAIL: _____   EMAIL: _____

NAME: _____   NAME: _____
PHONE: _____   PHONE: _____
ADDRESS: _____   ADDRESS: _____
_____   _____
EMAIL: _____   EMAIL: _____

NAME: _____   NAME: _____
PHONE: _____   PHONE: _____
ADDRESS: _____   ADDRESS: _____
_____   _____
EMAIL: _____   EMAIL: _____

NOTES

_____
_____
_____
_____
_____

"Things may come to those who wait, but only the things left by those who hustle."

– Abraham Lincoln

ACTION PLAN: DATE: _____   FOLLOW-UP

REMINDERS

_____
_____
_____
_____
_____

KEY

☑ Action item completed   ☒ See follow-up Action item

⊡ Left Message   ◻ Action still to do

ENCOURAGE

FOLLOW-UP ACTION ITEMS | DATE | TIME

- [ ] _____ _____ @ _____
- [ ] _____ _____ @ _____
- [ ] _____ _____ @ _____
- [ ] _____ _____ @ _____
- [ ] _____ _____ @ _____
- [ ] _____ _____ @ _____
- [ ] _____ _____ @ _____
- [ ] _____ _____ @ _____
- [ ] _____ _____ @ _____
- [ ] _____ _____ @ _____
- [ ] _____ _____ @ _____
- [ ] _____ _____ @ _____
- [ ] _____ _____ @ _____
- [ ] _____ _____ @ _____

FOLLOW-UP NAMES & NUMBERS

NAME: _____ NAME: _____
PHONE: _____ PHONE: _____
ADDRESS: _____ ADDRESS: _____
_____ _____
EMAIL: _____ EMAIL: _____

NAME: _____ NAME: _____
PHONE: _____ PHONE: _____
ADDRESS: _____ ADDRESS: _____
_____ _____
EMAIL: _____ EMAIL: _____

NAME: _____ NAME: _____
PHONE: _____ PHONE: _____
ADDRESS: _____ ADDRESS: _____
_____ _____
EMAIL: _____ EMAIL: _____

NOTES

_____
_____
_____
_____
_____

"Vision without action is a daydream. Action without vision is a nightmare."

– Japanese proverb

ACTION PLAN: DATE: _____   FOLLOW-UP

REMINDERS

KEY

☑ Action item completed   ☒ See follow-up Action item

▣ Left Message   ▢ Action still to do

ENGAGE

FOLLOW-UP ACTION ITEMS

	DATE	TIME
☐ _____	_____	@ _____
☐ _____	_____	@ _____
☐ _____	_____	@ _____
☐ _____	_____	@ _____
☐ _____	_____	@ _____
☐ _____	_____	@ _____
☐ _____	_____	@ _____
☐ _____	_____	@ _____
☐ _____	_____	@ _____
☐ _____	_____	@ _____
☐ _____	_____	@ _____
☐ _____	_____	@ _____
☐ _____	_____	@ _____
☐ _____	_____	@ _____

FOLLOW-UP NAMES & NUMBERS

NAME: _____ NAME: _____
PHONE: _____ PHONE: _____
ADDRESS: _____ ADDRESS: _____
_____ _____
EMAIL: _____ EMAIL: _____

NAME: _____ NAME: _____
PHONE: _____ PHONE: _____
ADDRESS: _____ ADDRESS: _____
_____ _____
EMAIL: _____ EMAIL: _____

NAME: _____ NAME: _____
PHONE: _____ PHONE: _____
ADDRESS: _____ ADDRESS: _____
_____ _____
EMAIL: _____ EMAIL: _____

NOTES

_____
_____
_____
_____
_____

"When you urgently serve others, attack problems, enact solutions, and express your sense of family and friendship, the rewards will come back to you with equal speed."

– Pat Croce

ACTION PLAN:　　　　　**DATE:** _____　　　**FOLLOW-UP**

REMINDERS

_____
_____
_____
_____
_____

KEY

☑ Action item completed　　　　☒ See follow-up Action item

⊡ Left Message　　　　　　　　　☐ Action still to do

LISTEN

FOLLOW-UP ACTION ITEMS

	DATE	TIME

- ☐ _____ _____ @ _____
- ☐ _____ _____ @ _____
- ☐ _____ _____ @ _____
- ☐ _____ _____ @ _____
- ☐ _____ _____ @ _____
- ☐ _____ _____ @ _____
- ☐ _____ _____ @ _____
- ☐ _____ _____ @ _____
- ☐ _____ _____ @ _____
- ☐ _____ _____ @ _____
- ☐ _____ _____ @ _____
- ☐ _____ _____ @ _____
- ☐ _____ _____ @ _____
- ☐ _____ _____ @ _____

FOLLOW-UP NAMES & NUMBERS

NAME: _____
PHONE: _____
ADDRESS: _____
_____
EMAIL: _____

NAME: _____
PHONE: _____
ADDRESS: _____
_____
EMAIL: _____

NAME: _____
PHONE: _____
ADDRESS: _____
_____
EMAIL: _____

NAME: _____
PHONE: _____
ADDRESS: _____
_____
EMAIL: _____

NAME: _____
PHONE: _____
ADDRESS: _____
_____
EMAIL: _____

NAME: _____
PHONE: _____
ADDRESS: _____
_____
EMAIL: _____

NOTES

_____
_____
_____
_____
_____

"While one person hesitates because he feels inferior, the other is busy making mistakes and becoming superior."

– Henry C. Link

ACTION PLAN:　　　　DATE:　　　　　　　FOLLOW-UP

REMINDERS

KEY

☑ Action item completed　　☒ See follow-up Action item

▣ Left Message　　　　　　　☐ Action still to do

LOVE

FOLLOW-UP ACTION ITEMS | DATE | TIME

- [ ] _____ _____ @ _____
- [ ] _____ _____ @ _____
- [ ] _____ _____ @ _____
- [ ] _____ _____ @ _____
- [ ] _____ _____ @ _____
- [ ] _____ _____ @ _____
- [ ] _____ _____ @ _____
- [ ] _____ _____ @ _____
- [ ] _____ _____ @ _____
- [ ] _____ _____ @ _____
- [ ] _____ _____ @ _____
- [ ] _____ _____ @ _____
- [ ] _____ _____ @ _____
- [ ] _____ _____ @ _____

FOLLOW-UP NAMES & NUMBERS

NAME: _____   NAME: _____
PHONE: _____   PHONE: _____
ADDRESS: _____   ADDRESS: _____
_____   _____
EMAIL: _____   EMAIL: _____

NAME: _____   NAME: _____
PHONE: _____   PHONE: _____
ADDRESS: _____   ADDRESS: _____
_____   _____
EMAIL: _____   EMAIL: _____

NAME: _____   NAME: _____
PHONE: _____   PHONE: _____
ADDRESS: _____   ADDRESS: _____
_____   _____
EMAIL: _____   EMAIL: _____

NOTES

_____
_____
_____
_____
_____

"When it comes to getting things done, we need fewer architects and more bricklayers."

– Colleen Barrett

ACTION PLAN: DATE: _____   FOLLOW-UP

REMINDERS

KEY

☑ Action item completed   ☒ See follow-up Action item

⊡ Left Message   ☐ Action still to do

ACHIEVE

FOLLOW-UP ACTION ITEMS | DATE | TIME

- ☐ _____ _____ @_____
- ☐ _____ _____ @_____
- ☐ _____ _____ @_____
- ☐ _____ _____ @_____
- ☐ _____ _____ @_____
- ☐ _____ _____ @_____
- ☐ _____ _____ @_____
- ☐ _____ _____ @_____
- ☐ _____ _____ @_____
- ☐ _____ _____ @_____
- ☐ _____ _____ @_____
- ☐ _____ _____ @_____
- ☐ _____ _____ @_____
- ☐ _____ _____ @_____

FOLLOW-UP NAMES & NUMBERS

NAME: _____   NAME: _____

PHONE: _____   PHONE: _____

ADDRESS: _____   ADDRESS: _____
_____   _____

EMAIL: _____   EMAIL: _____

NAME: _____   NAME: _____

PHONE: _____   PHONE: _____

ADDRESS: _____   ADDRESS: _____
_____   _____

EMAIL: _____   EMAIL: _____

NAME: _____   NAME: _____

PHONE: _____   PHONE: _____

ADDRESS: _____   ADDRESS: _____
_____   _____

EMAIL: _____   EMAIL: _____

NOTES

_____
_____
_____
_____
_____

"If you do not immediately implement what you learn today, then the world will have changed by tomorrow and you will be two steps behind."

– Pat Croce

ACTION PLAN:

DATE: _____

FOLLOW-UP

REMINDERS

FOLLOW-UP ACTION ITEMS | DATE | TIME

- ☐ _____ _____ @ _____
- ☐ _____ _____ @ _____
- ☐ _____ _____ @ _____
- ☐ _____ _____ @ _____
- ☐ _____ _____ @ _____
- ☐ _____ _____ @ _____
- ☐ _____ _____ @ _____
- ☐ _____ _____ @ _____
- ☐ _____ _____ @ _____
- ☐ _____ _____ @ _____
- ☐ _____ _____ @ _____
- ☐ _____ _____ @ _____
- ☐ _____ _____ @ _____
- ☐ _____ _____ @ _____

FOLLOW-UP NAMES & NUMBERS

NAME: _____
PHONE: _____
ADDRESS: _____
_____
EMAIL: _____

NAME: _____
PHONE: _____
ADDRESS: _____
_____
EMAIL: _____

NAME: _____
PHONE: _____
ADDRESS: _____
_____
EMAIL: _____

NAME: _____
PHONE: _____
ADDRESS: _____
_____
EMAIL: _____

NAME: _____
PHONE: _____
ADDRESS: _____
_____
EMAIL: _____

NAME: _____
PHONE: _____
ADDRESS: _____
_____
EMAIL: _____

NOTES

_____
_____
_____
_____
_____

"The great end of life is not knowledge but action."
— Thomas Huxley

ACTION PLAN: DATE: _____ FOLLOW-UP

☐ _____ ☐
☐ _____ ☐
☐ _____ ☐
☐ _____ ☐
☐ _____ ☐
☐ _____ ☐
☐ _____ ☐
☐ _____ ☐
☐ _____ ☐
☐ _____ ☐
☐ _____ ☐
☐ _____ ☐
☐ _____ ☐
☐ _____ ☐
☐ _____ ☐
☐ _____ ☐
☐ _____ ☐
☐ _____ ☐
☐ _____ ☐
☐ _____ ☐
☐ _____ ☐
☐ _____ ☐
☐ _____ ☐
☐ _____ ☐
☐ _____ ☐
☐ _____ ☐

REMINDERS

_____
_____
_____
_____
_____

KEY

☑ Action item completed	☒ See follow-up Action item
☐• Left Message	☐ Action still to do

FOLLOW-UP ACTION ITEMS

	DATE	TIME
☐ _____	_____	@ _____
☐ _____	_____	@ _____
☐ _____	_____	@ _____
☐ _____	_____	@ _____
☐ _____	_____	@ _____
☐ _____	_____	@ _____
☐ _____	_____	@ _____
☐ _____	_____	@ _____
☐ _____	_____	@ _____
☐ _____	_____	@ _____
☐ _____	_____	@ _____
☐ _____	_____	@ _____
☐ _____	_____	@ _____
☐ _____	_____	@ _____

FOLLOW-UP NAMES & NUMBERS

NAME: _____
PHONE: _____
ADDRESS: _____
_____
EMAIL: _____

NAME: _____
PHONE: _____
ADDRESS: _____
_____
EMAIL: _____

NAME: _____
PHONE: _____
ADDRESS: _____
_____
EMAIL: _____

NAME: _____
PHONE: _____
ADDRESS: _____
_____
EMAIL: _____

NAME: _____
PHONE: _____
ADDRESS: _____
_____
EMAIL: _____

NAME: _____
PHONE: _____
ADDRESS: _____
_____
EMAIL: _____

NOTES

_____
_____
_____
_____
_____

"As I grow older, I pay less attention to what men say. I just watch what they do."

– Andrew Carnegie

ACTION PLAN: DATE: _____   FOLLOW-UP

REMINDERS

KEY

☑ Action item completed   ☒ See follow-up Action item

▣ Left Message   ☐ Action still to do

FOLLOW-UP ACTION ITEMS | DATE | TIME

- [ ] _____ _____ @ _____
- [ ] _____ _____ @ _____
- [ ] _____ _____ @ _____
- [ ] _____ _____ @ _____
- [ ] _____ _____ @ _____
- [ ] _____ _____ @ _____
- [ ] _____ _____ @ _____
- [ ] _____ _____ @ _____
- [ ] _____ _____ @ _____
- [ ] _____ _____ @ _____
- [ ] _____ _____ @ _____
- [ ] _____ _____ @ _____
- [ ] _____ _____ @ _____
- [ ] _____ _____ @ _____

FOLLOW-UP NAMES & NUMBERS

NAME: _____   NAME: _____
PHONE: _____   PHONE: _____
ADDRESS: _____   ADDRESS: _____
_____   _____
EMAIL: _____   EMAIL: _____

NAME: _____   NAME: _____
PHONE: _____   PHONE: _____
ADDRESS: _____   ADDRESS: _____
_____   _____
EMAIL: _____   EMAIL: _____

NAME: _____   NAME: _____
PHONE: _____   PHONE: _____
ADDRESS: _____   ADDRESS: _____
_____   _____
EMAIL: _____   EMAIL: _____

NOTES

_____
_____
_____
_____
_____

"Always shoot for the moon. Even if you miss, you might grab a star as you go by."

– Pat Croce

ACTION PLAN:　　　　　**DATE:** _____　　　**FOLLOW-UP**

- ☐ _____ ☐
- ☐ _____ ☐
- ☐ _____ ☐
- ☐ _____ ☐
- ☐ _____ ☐
- ☐ _____ ☐
- ☐ _____ ☐
- ☐ _____ ☐
- ☐ _____ ☐
- ☐ _____ ☐
- ☐ _____ ☐
- ☐ _____ ☐
- ☐ _____ ☐
- ☐ _____ ☐
- ☐ _____ ☐
- ☐ _____ ☐
- ☐ _____ ☐
- ☐ _____ ☐
- ☐ _____ ☐
- ☐ _____ ☐
- ☐ _____ ☐
- ☐ _____ ☐
- ☐ _____ ☐
- ☐ _____ ☐

REMINDERS

_____
_____
_____
_____
_____

KEY

| ☑ Action item completed | ☒ See follow-up Action item |
| ☐• Left Message | ☐ Action still to do |

FOLLOW-UP ACTION ITEMS

	DATE	TIME
☐ _____	_____	@ _____
☐ _____	_____	@ _____
☐ _____	_____	@ _____
☐ _____	_____	@ _____
☐ _____	_____	@ _____
☐ _____	_____	@ _____
☐ _____	_____	@ _____
☐ _____	_____	@ _____
☐ _____	_____	@ _____
☐ _____	_____	@ _____
☐ _____	_____	@ _____
☐ _____	_____	@ _____
☐ _____	_____	@ _____
☐ _____	_____	@ _____

FOLLOW-UP NAMES & NUMBERS

NAME: _____   NAME: _____
PHONE: _____   PHONE: _____
ADDRESS: _____   ADDRESS: _____
_____   _____
EMAIL: _____   EMAIL: _____

NAME: _____   NAME: _____
PHONE: _____   PHONE: _____
ADDRESS: _____   ADDRESS: _____
_____   _____
EMAIL: _____   EMAIL: _____

NAME: _____   NAME: _____
PHONE: _____   PHONE: _____
ADDRESS: _____   ADDRESS: _____
_____   _____
EMAIL: _____   EMAIL: _____

NOTES

_____
_____
_____
_____
_____

"I think one's feelings waste themselves in words, they ought all to be distilled into actions and into actions which bring results."

– Florence Nightingale

ACTION PLAN: DATE: FOLLOW-UP

REMINDERS

KEY

☑ Action item completed   ☒ See follow-up Action item

▣ Left Message   ☐ Action still to do

LISTEN

FOLLOW-UP ACTION ITEMS

	DATE	TIME
☐ _____	_____	@ _____
☐ _____	_____	@ _____
☐ _____	_____	@ _____
☐ _____	_____	@ _____
☐ _____	_____	@ _____
☐ _____	_____	@ _____
☐ _____	_____	@ _____
☐ _____	_____	@ _____
☐ _____	_____	@ _____
☐ _____	_____	@ _____
☐ _____	_____	@ _____
☐ _____	_____	@ _____
☐ _____	_____	@ _____
☐ _____	_____	@ _____

FOLLOW-UP NAMES & NUMBERS

NAME: _____ NAME: _____
PHONE: _____ PHONE: _____
ADDRESS: _____ ADDRESS: _____
_____ _____
EMAIL: _____ EMAIL: _____

NAME: _____ NAME: _____
PHONE: _____ PHONE: _____
ADDRESS: _____ ADDRESS: _____
_____ _____
EMAIL: _____ EMAIL: _____

NAME: _____ NAME: _____
PHONE: _____ PHONE: _____
ADDRESS: _____ ADDRESS: _____
_____ _____
EMAIL: _____ EMAIL: _____

NOTES

_____
_____
_____
_____
_____

"We have too many high sounding words, and too few actions that correspond with them."

– Abigail Adams

ACTION PLAN: DATE: _____   FOLLOW-UP

REMINDERS

KEY

☑ Action item completed   ☒ See follow-up Action item

⊡ Left Message   ☐ Action still to do

INFLUENCE

FOLLOW-UP ACTION ITEMS

	DATE	TIME
☐ _____	_____	@_____
☐ _____	_____	@_____
☐ _____	_____	@_____
☐ _____	_____	@_____
☐ _____	_____	@_____
☐ _____	_____	@_____
☐ _____	_____	@_____
☐ _____	_____	@_____
☐ _____	_____	@_____
☐ _____	_____	@_____
☐ _____	_____	@_____
☐ _____	_____	@_____
☐ _____	_____	@_____
☐ _____	_____	@_____

FOLLOW-UP NAMES & NUMBERS

NAME: _____   NAME: _____
PHONE: _____   PHONE: _____
ADDRESS: _____   ADDRESS: _____
_____   _____
EMAIL: _____   EMAIL: _____

NAME: _____   NAME: _____
PHONE: _____   PHONE: _____
ADDRESS: _____   ADDRESS: _____
_____   _____
EMAIL: _____   EMAIL: _____

NAME: _____   NAME: _____
PHONE: _____   PHONE: _____
ADDRESS: _____   ADDRESS: _____
_____   _____
EMAIL: _____   EMAIL: _____

NOTES

_____
_____
_____
_____
_____

"Right now is the best time to lead and charge and check off one more action step toward the realization of your vision."

– Pat Croce

ACTION PLAN: DATE: FOLLOW-UP

REMINDERS

KEY
✔ Action item completed   ✖ See follow-up Action item
• Left Message   ☐ Action still to do

FOLLOW-UP ACTION ITEMS

	DATE	TIME

☐ _____ _____ @ _____
☐ _____ _____ @ _____
☐ _____ _____ @ _____
☐ _____ _____ @ _____
☐ _____ _____ @ _____
☐ _____ _____ @ _____
☐ _____ _____ @ _____
☐ _____ _____ @ _____
☐ _____ _____ @ _____
☐ _____ _____ @ _____
☐ _____ _____ @ _____
☐ _____ _____ @ _____
☐ _____ _____ @ _____
☐ _____ _____ @ _____

FOLLOW-UP NAMES & NUMBERS

NAME: _____ NAME: _____
PHONE: _____ PHONE: _____
ADDRESS: _____ ADDRESS: _____
_____ _____
EMAIL: _____ EMAIL: _____

NAME: _____ NAME: _____
PHONE: _____ PHONE: _____
ADDRESS: _____ ADDRESS: _____
_____ _____
EMAIL: _____ EMAIL: _____

NAME: _____ NAME: _____
PHONE: _____ PHONE: _____
ADDRESS: _____ ADDRESS: _____
_____ _____
EMAIL: _____ EMAIL: _____

NOTES

_____
_____
_____
_____
_____

"What you do speaks so loudly that I cannot hear what you say."

– Ralph Waldo Emerson

ACTION PLAN: DATE: _____   FOLLOW-UP

☐ _____ ☐
☐ _____ ☐
☐ _____ ☐
☐ _____ ☐
☐ _____ ☐
☐ _____ ☐
☐ _____ ☐
☐ _____ ☐
☐ _____ ☐
☐ _____ ☐
☐ _____ ☐
☐ _____ ☐
☐ _____ ☐
☐ _____ ☐
☐ _____ ☐
☐ _____ ☐
☐ _____ ☐
☐ _____ ☐
☐ _____ ☐
☐ _____ ☐
☐ _____ ☐
☐ _____ ☐
☐ _____ ☐
☐ _____ ☐
☐ _____ ☐

REMINDERS

_____
_____
_____
_____

KEY

☑ Action item completed   ☒ See follow-up Action item
⊡ Left Message   ☐ Action still to do

FOLLOW-UP ACTION ITEMS | DATE | TIME

- ☐ _____ _____ @ _____
- ☐ _____ _____ @ _____
- ☐ _____ _____ @ _____
- ☐ _____ _____ @ _____
- ☐ _____ _____ @ _____
- ☐ _____ _____ @ _____
- ☐ _____ _____ @ _____
- ☐ _____ _____ @ _____
- ☐ _____ _____ @ _____
- ☐ _____ _____ @ _____
- ☐ _____ _____ @ _____
- ☐ _____ _____ @ _____
- ☐ _____ _____ @ _____
- ☐ _____ _____ @ _____

FOLLOW-UP NAMES & NUMBERS

NAME: _____   NAME: _____
PHONE: _____   PHONE: _____
ADDRESS: _____   ADDRESS: _____
_____   _____
EMAIL: _____   EMAIL: _____

NAME: _____   NAME: _____
PHONE: _____   PHONE: _____
ADDRESS: _____   ADDRESS: _____
_____   _____
EMAIL: _____   EMAIL: _____

NAME: _____   NAME: _____
PHONE: _____   PHONE: _____
ADDRESS: _____   ADDRESS: _____
_____   _____
EMAIL: _____   EMAIL: _____

NOTES

_____
_____
_____
_____
_____

"People may doubt what you say, but they will believe what you do."

– Lewis Cass

ACTION PLAN: DATE: FOLLOW-UP

REMINDERS

KEY

☑ Action item completed   ☒ See follow-up Action item

▣ Left Message   ☐ Action still to do

FOLLOW-UP ACTION ITEMS

	DATE	TIME

- [ ] _____ _____ @ _____
- [ ] _____ _____ @ _____
- [ ] _____ _____ @ _____
- [ ] _____ _____ @ _____
- [ ] _____ _____ @ _____
- [ ] _____ _____ @ _____
- [ ] _____ _____ @ _____
- [ ] _____ _____ @ _____
- [ ] _____ _____ @ _____
- [ ] _____ _____ @ _____
- [ ] _____ _____ @ _____
- [ ] _____ _____ @ _____
- [ ] _____ _____ @ _____

FOLLOW-UP NAMES & NUMBERS

NAME: _____
PHONE: _____
ADDRESS: _____
_____
EMAIL: _____

NAME: _____
PHONE: _____
ADDRESS: _____
_____
EMAIL: _____

NAME: _____
PHONE: _____
ADDRESS: _____
_____
EMAIL: _____

NAME: _____
PHONE: _____
ADDRESS: _____
_____
EMAIL: _____

NAME: _____
PHONE: _____
ADDRESS: _____
_____
EMAIL: _____

NAME: _____
PHONE: _____
ADDRESS: _____
_____
EMAIL: _____

NOTES

_____
_____
_____
_____
_____

"Do more than is expected, or even conceived. The little extra you may have to put in will always earn out."

– Pat Croce

ACTION PLAN: DATE: _____ FOLLOW-UP

REMINDERS

KEY

☑ Action item completed ☒ See follow-up Action item

◉ Left Message ☐ Action still to do

RESPECT

FOLLOW-UP ACTION ITEMS

		DATE	TIME
☐	_____	_____	@_____
☐	_____	_____	@_____
☐	_____	_____	@_____
☐	_____	_____	@_____
☐	_____	_____	@_____
☐	_____	_____	@_____
☐	_____	_____	@_____
☐	_____	_____	@_____
☐	_____	_____	@_____
☐	_____	_____	@_____
☐	_____	_____	@_____
☐	_____	_____	@_____
☐	_____	_____	@_____
☐	_____	_____	@_____

FOLLOW-UP NAMES & NUMBERS

NAME: _____
PHONE: _____
ADDRESS: _____
_____
EMAIL: _____

NAME: _____
PHONE: _____
ADDRESS: _____
_____
EMAIL: _____

NAME: _____
PHONE: _____
ADDRESS: _____
_____
EMAIL: _____

NAME: _____
PHONE: _____
ADDRESS: _____
_____
EMAIL: _____

NAME: _____
PHONE: _____
ADDRESS: _____
_____
EMAIL: _____

NAME: _____
PHONE: _____
ADDRESS: _____
_____
EMAIL: _____

NOTES

_____
_____
_____
_____
_____

"An idea not coupled with action will never get
any bigger than the brain cell it occupied."

– Arnold Glasgow

ACTION PLAN: DATE: _____   FOLLOW-UP

- [ ] _____ [ ]
- [ ] _____ [ ]
- [ ] _____ [ ]
- [ ] _____ [ ]
- [ ] _____ [ ]
- [ ] _____ [ ]
- [ ] _____ [ ]
- [ ] _____ [ ]
- [ ] _____ [ ]
- [ ] _____ [ ]
- [ ] _____ [ ]
- [ ] _____ [ ]
- [ ] _____ [ ]
- [ ] _____ [ ]
- [ ] _____ [ ]
- [ ] _____ [ ]
- [ ] _____ [ ]
- [ ] _____ [ ]
- [ ] _____ [ ]
- [ ] _____ [ ]
- [ ] _____ [ ]
- [ ] _____ [ ]
- [ ] _____ [ ]

REMINDERS

_____
_____
_____
_____
_____

KEY   ☑ Action item completed   ☒ See follow-up Action item
       ☐ Left Message   ☐ Action still to do

COURAGE

FOLLOW-UP ACTION ITEMS

		DATE	TIME
☐	_____	_____	@ _____
☐	_____	_____	@ _____
☐	_____	_____	@ _____
☐	_____	_____	@ _____
☐	_____	_____	@ _____
☐	_____	_____	@ _____
☐	_____	_____	@ _____
☐	_____	_____	@ _____
☐	_____	_____	@ _____
☐	_____	_____	@ _____
☐	_____	_____	@ _____
☐	_____	_____	@ _____
☐	_____	_____	@ _____
☐	_____	_____	@ _____

FOLLOW-UP NAMES & NUMBERS

NAME: _____   NAME: _____
PHONE: _____   PHONE: _____
ADDRESS: _____   ADDRESS: _____
_____   _____
EMAIL: _____   EMAIL: _____

NAME: _____   NAME: _____
PHONE: _____   PHONE: _____
ADDRESS: _____   ADDRESS: _____
_____   _____
EMAIL: _____   EMAIL: _____

NAME: _____   NAME: _____
PHONE: _____   PHONE: _____
ADDRESS: _____   ADDRESS: _____
_____   _____
EMAIL: _____   EMAIL: _____

NOTES

_____
_____
_____
_____
_____

"Nobody made a greater mistake than he who did nothing because he could do only a little."

– Edmund Burke

ACTION PLAN: DATE: _____   FOLLOW-UP

- [ ] _____ [ ]
- [ ] _____ [ ]
- [ ] _____ [ ]
- [ ] _____ [ ]
- [ ] _____ [ ]
- [ ] _____ [ ]
- [ ] _____ [ ]
- [ ] _____ [ ]
- [ ] _____ [ ]
- [ ] _____ [ ]
- [ ] _____ [ ]
- [ ] _____ [ ]
- [ ] _____ [ ]
- [ ] _____ [ ]
- [ ] _____ [ ]
- [ ] _____ [ ]
- [ ] _____ [ ]
- [ ] _____ [ ]
- [ ] _____ [ ]
- [ ] _____ [ ]
- [ ] _____ [ ]
- [ ] _____ [ ]
- [ ] _____ [ ]

REMINDERS

_____
_____
_____
_____
_____

KEY

☑ Action item completed   ☒ See follow-up Action item
▣ Left Message   ☐ Action still to do

RESPONSIBILITY

FOLLOW-UP ACTION ITEMS	DATE	TIME
☐ _____	_____	@_____
☐ _____	_____	@_____
☐ _____	_____	@_____
☐ _____	_____	@_____
☐ _____	_____	@_____
☐ _____	_____	@_____
☐ _____	_____	@_____
☐ _____	_____	@_____
☐ _____	_____	@_____
☐ _____	_____	@_____
☐ _____	_____	@_____
☐ _____	_____	@_____
☐ _____	_____	@_____
☐ _____	_____	@_____

FOLLOW-UP NAMES & NUMBERS

NAME: _____
PHONE: _____
ADDRESS: _____
_____
EMAIL: _____

NAME: _____
PHONE: _____
ADDRESS: _____
_____
EMAIL: _____

NAME: _____
PHONE: _____
ADDRESS: _____
_____
EMAIL: _____

NAME: _____
PHONE: _____
ADDRESS: _____
_____
EMAIL: _____

NAME: _____
PHONE: _____
ADDRESS: _____
_____
EMAIL: _____

NAME: _____
PHONE: _____
ADDRESS: _____
_____
EMAIL: _____

NOTES

_____
_____
_____
_____
_____

"Small deeds done are better than great deeds planned."

– Peter Marshall

ACTION PLAN: DATE: FOLLOW-UP

REMINDERS

KEY   ☑ Action item completed   ☒ See follow-up Action item
        ⊡ Left Message   ☐ Action still to do

FOLLOW-UP ACTION ITEMS

	DATE	TIME
☐ _____	_____	@_____
☐ _____	_____	@_____
☐ _____	_____	@_____
☐ _____	_____	@_____
☐ _____	_____	@_____
☐ _____	_____	@_____
☐ _____	_____	@_____
☐ _____	_____	@_____
☐ _____	_____	@_____
☐ _____	_____	@_____
☐ _____	_____	@_____
☐ _____	_____	@_____
☐ _____	_____	@_____

FOLLOW-UP NAMES & NUMBERS

NAME: _____
PHONE: _____
ADDRESS: _____
_____
EMAIL: _____

NAME: _____
PHONE: _____
ADDRESS: _____
_____
EMAIL: _____

NAME: _____
PHONE: _____
ADDRESS: _____
_____
EMAIL: _____

NAME: _____
PHONE: _____
ADDRESS: _____
_____
EMAIL: _____

NAME: _____
PHONE: _____
ADDRESS: _____
_____
EMAIL: _____

NAME: _____
PHONE: _____
ADDRESS: _____
_____
EMAIL: _____

NOTES

_____
_____
_____
_____
_____

"Life, like a certain brand of coffee, can be good
to the last drop, so squeeze every last drop out
of every day."

– Pat Croce

ACTION PLAN:　　　　　**DATE:** _____　　　　　**FOLLOW-UP**

REMINDERS

KEY

☑ Action item completed　　　　☒ See follow-up Action item

▣ Left Message　　　　□ Action still to do

WORD OF THE DAY: ADVENTURE

FOLLOW-UP ACTION ITEMS	DATE	TIME
☐ _____	_____	@_____
☐ _____	_____	@_____
☐ _____	_____	@_____
☐ _____	_____	@_____
☐ _____	_____	@_____
☐ _____	_____	@_____
☐ _____	_____	@_____
☐ _____	_____	@_____
☐ _____	_____	@_____
☐ _____	_____	@_____
☐ _____	_____	@_____
☐ _____	_____	@_____
☐ _____	_____	@_____
☐ _____	_____	@_____

FOLLOW-UP NAMES & NUMBERS

NAME: _____
PHONE: _____
ADDRESS: _____
_____
EMAIL: _____

NAME: _____
PHONE: _____
ADDRESS: _____
_____
EMAIL: _____

NAME: _____
PHONE: _____
ADDRESS: _____
_____
EMAIL: _____

NAME: _____
PHONE: _____
ADDRESS: _____
_____
EMAIL: _____

NAME: _____
PHONE: _____
ADDRESS: _____
_____
EMAIL: _____

NAME: _____
PHONE: _____
ADDRESS: _____
_____
EMAIL: _____

NOTES

_____
_____
_____
_____
_____

"We cannot do everything at once, but we can do something at once."

– Calvin Coolidge

ACTION PLAN: DATE: _____   FOLLOW-UP

☐ _____ ☐
☐ _____ ☐
☐ _____ ☐
☐ _____ ☐
☐ _____ ☐
☐ _____ ☐
☐ _____ ☐
☐ _____ ☐
☐ _____ ☐
☐ _____ ☐
☐ _____ ☐
☐ _____ ☐
☐ _____ ☐
☐ _____ ☐
☐ _____ ☐
☐ _____ ☐
☐ _____ ☐
☐ _____ ☐
☐ _____ ☐
☐ _____ ☐
☐ _____ ☐
☐ _____ ☐
☐ _____ ☐

REMINDERS

_____
_____
_____
_____
_____

KEY   ✔ Action item completed   ✘ See follow-up Action item
             • Left Message   ☐ Action still to do

FOLLOW-UP ACTION ITEMS | DATE | TIME

- [ ] _____ _____ @ _____
- [ ] _____ _____ @ _____
- [ ] _____ _____ @ _____
- [ ] _____ _____ @ _____
- [ ] _____ _____ @ _____
- [ ] _____ _____ @ _____
- [ ] _____ _____ @ _____
- [ ] _____ _____ @ _____
- [ ] _____ _____ @ _____
- [ ] _____ _____ @ _____
- [ ] _____ _____ @ _____
- [ ] _____ _____ @ _____
- [ ] _____ _____ @ _____
- [ ] _____ _____ @ _____

FOLLOW-UP NAMES & NUMBERS

NAME: _____   NAME: _____
PHONE: _____   PHONE: _____
ADDRESS: _____   ADDRESS: _____
_____   _____
EMAIL: _____   EMAIL: _____

NAME: _____   NAME: _____
PHONE: _____   PHONE: _____
ADDRESS: _____   ADDRESS: _____
_____   _____
EMAIL: _____   EMAIL: _____

NAME: _____   NAME: _____
PHONE: _____   PHONE: _____
ADDRESS: _____   ADDRESS: _____
_____   _____
EMAIL: _____   EMAIL: _____

NOTES

_____
_____
_____
_____
_____

"Carpe diem, quam minimum credula postero."
(Sieze the day, put no trust in tomorrow.)

– Horace

ACTION PLAN: DATE: _____   FOLLOW-UP

☐ _____ ☐
☐ _____ ☐
☐ _____ ☐
☐ _____ ☐
☐ _____ ☐
☐ _____ ☐
☐ _____ ☐
☐ _____ ☐
☐ _____ ☐
☐ _____ ☐
☐ _____ ☐
☐ _____ ☐
☐ _____ ☐
☐ _____ ☐
☐ _____ ☐
☐ _____ ☐
☐ _____ ☐
☐ _____ ☐
☐ _____ ☐
☐ _____ ☐
☐ _____ ☐
☐ _____ ☐
☐ _____ ☐
☐ _____ ☐

REMINDERS

_____
_____
_____
_____
_____

KEY

☑ Action item completed   ☒ See follow-up Action item
☐ Left Message   ☐ Action still to do

FOLLOW-UP ACTION ITEMS

	DATE	TIME

- [ ] _____ _____ @ _____
- [ ] _____ _____ @ _____
- [ ] _____ _____ @ _____
- [ ] _____ _____ @ _____
- [ ] _____ _____ @ _____
- [ ] _____ _____ @ _____
- [ ] _____ _____ @ _____
- [ ] _____ _____ @ _____
- [ ] _____ _____ @ _____
- [ ] _____ _____ @ _____
- [ ] _____ _____ @ _____
- [ ] _____ _____ @ _____
- [ ] _____ _____ @ _____
- [ ] _____ _____ @ _____

FOLLOW-UP NAMES & NUMBERS

NAME: _____
PHONE: _____
ADDRESS: _____
_____
EMAIL: _____

NAME: _____
PHONE: _____
ADDRESS: _____
_____
EMAIL: _____

NAME: _____
PHONE: _____
ADDRESS: _____
_____
EMAIL: _____

NAME: _____
PHONE: _____
ADDRESS: _____
_____
EMAIL: _____

NAME: _____
PHONE: _____
ADDRESS: _____
_____
EMAIL: _____

NAME: _____
PHONE: _____
ADDRESS: _____
_____
EMAIL: _____

NOTES

_____
_____
_____
_____
_____

"He that waits upon fortune, is never sure of dinner."
– Benjamin Franklin

ACTION PLAN: DATE: _____   FOLLOW-UP

REMINDERS

_____
_____
_____
_____
_____

KEY

☑ Action item completed   ☒ See follow-up Action item
▣ Left Message   ☐ Action still to do

FOLLOW-UP ACTION ITEMS | DATE | TIME

- [ ] _____ _____ @ _____
- [ ] _____ _____ @ _____
- [ ] _____ _____ @ _____
- [ ] _____ _____ @ _____
- [ ] _____ _____ @ _____
- [ ] _____ _____ @ _____
- [ ] _____ _____ @ _____
- [ ] _____ _____ @ _____
- [ ] _____ _____ @ _____
- [ ] _____ _____ @ _____
- [ ] _____ _____ @ _____
- [ ] _____ _____ @ _____
- [ ] _____ _____ @ _____
- [ ] _____ _____ @ _____

FOLLOW-UP NAMES & NUMBERS

NAME: _____ NAME: _____
PHONE: _____ PHONE: _____
ADDRESS: _____ ADDRESS: _____
_____ _____
EMAIL: _____ EMAIL: _____

NAME: _____ NAME: _____
PHONE: _____ PHONE: _____
ADDRESS: _____ ADDRESS: _____
_____ _____
EMAIL: _____ EMAIL: _____

NAME: _____ NAME: _____
PHONE: _____ PHONE: _____
ADDRESS: _____ ADDRESS: _____
_____ _____
EMAIL: _____ EMAIL: _____

NOTES

_____
_____
_____
_____
_____

"We should all *carpe* the *diem* every single *diem!*"
– Pat Croce

ACTION PLAN: DATE: FOLLOW-UP

REMINDERS

KEY

☑ Action item completed   ☒ See follow-up Action item

◻ Left Message   ◻ Action still to do

FOLLOW-UP ACTION ITEMS   DATE   TIME

- ☐ _____ _____ @ _____
- ☐ _____ _____ @ _____
- ☐ _____ _____ @ _____
- ☐ _____ _____ @ _____
- ☐ _____ _____ @ _____
- ☐ _____ _____ @ _____
- ☐ _____ _____ @ _____
- ☐ _____ _____ @ _____
- ☐ _____ _____ @ _____
- ☐ _____ _____ @ _____
- ☐ _____ _____ @ _____
- ☐ _____ _____ @ _____
- ☐ _____ _____ @ _____
- ☐ _____ _____ @ _____

FOLLOW-UP NAMES & NUMBERS

NAME: _____   NAME: _____
PHONE: _____   PHONE: _____
ADDRESS: _____   ADDRESS: _____
_____   _____
EMAIL: _____   EMAIL: _____

NAME: _____   NAME: _____
PHONE: _____   PHONE: _____
ADDRESS: _____   ADDRESS: _____
_____   _____
EMAIL: _____   EMAIL: _____

NAME: _____   NAME: _____
PHONE: _____   PHONE: _____
ADDRESS: _____   ADDRESS: _____
_____   _____
EMAIL: _____   EMAIL: _____

NOTES

_____
_____
_____
_____
_____

"Get action. Seize the moment. Man was never
intended to become an oyster."

– Theodore Roosevelt

ACTION PLAN: DATE: FOLLOW-UP

REMINDERS

KEY

☑ Action item completed ☒ See follow-up Action item

⊡ Left Message ☐ Action still to do

BELIEVE

FOLLOW-UP ACTION ITEMS | DATE | TIME

- [ ] _____ _____ @ _____
- [ ] _____ _____ @ _____
- [ ] _____ _____ @ _____
- [ ] _____ _____ @ _____
- [ ] _____ _____ @ _____
- [ ] _____ _____ @ _____
- [ ] _____ _____ @ _____
- [ ] _____ _____ @ _____
- [ ] _____ _____ @ _____
- [ ] _____ _____ @ _____
- [ ] _____ _____ @ _____
- [ ] _____ _____ @ _____
- [ ] _____ _____ @ _____
- [ ] _____ _____ @ _____

FOLLOW-UP NAMES & NUMBERS

NAME: _____
PHONE: _____
ADDRESS: _____
_____
EMAIL: _____

NAME: _____
PHONE: _____
ADDRESS: _____
_____
EMAIL: _____

NAME: _____
PHONE: _____
ADDRESS: _____
_____
EMAIL: _____

NAME: _____
PHONE: _____
ADDRESS: _____
_____
EMAIL: _____

NAME: _____
PHONE: _____
ADDRESS: _____
_____
EMAIL: _____

NAME: _____
PHONE: _____
ADDRESS: _____
_____
EMAIL: _____

NOTES

_____
_____
_____
_____
_____

"The shortest answer is doing."

– Lord Herbert

ACTION PLAN: DATE: FOLLOW-UP

REMINDERS

KEY

☑ Action item completed ☒ See follow-up Action item

⊡ Left Message ☐ Action still to do

FOLLOW-UP ACTION ITEMS | DATE | TIME

- [ ] _____ _____ @_____
- [ ] _____ _____ @_____
- [ ] _____ _____ @_____
- [ ] _____ _____ @_____
- [ ] _____ _____ @_____
- [ ] _____ _____ @_____
- [ ] _____ _____ @_____
- [ ] _____ _____ @_____
- [ ] _____ _____ @_____
- [ ] _____ _____ @_____
- [ ] _____ _____ @_____
- [ ] _____ _____ @_____
- [ ] _____ _____ @_____
- [ ] _____ _____ @_____

FOLLOW-UP NAMES & NUMBERS

NAME: _____ NAME: _____
PHONE: _____ PHONE: _____
ADDRESS: _____ ADDRESS: _____
_____ _____
EMAIL: _____ EMAIL: _____

NAME: _____ NAME: _____
PHONE: _____ PHONE: _____
ADDRESS: _____ ADDRESS: _____
_____ _____
EMAIL: _____ EMAIL: _____

NAME: _____ NAME: _____
PHONE: _____ PHONE: _____
ADDRESS: _____ ADDRESS: _____
_____ _____
EMAIL: _____ EMAIL: _____

NOTES

_____
_____
_____
_____
_____

"Do it NOW! As Soon As Possible is too damn late."
— Pat Croce

ACTION PLAN: DATE: _____   FOLLOW–UP

REMINDERS

WORD OF THE DAY: HONESTY

FOLLOW-UP ACTION ITEMS | DATE | TIME

- [ ] _____ _____ @ _____
- [ ] _____ _____ @ _____
- [ ] _____ _____ @ _____
- [ ] _____ _____ @ _____
- [ ] _____ _____ @ _____
- [ ] _____ _____ @ _____
- [ ] _____ _____ @ _____
- [ ] _____ _____ @ _____
- [ ] _____ _____ @ _____
- [ ] _____ _____ @ _____
- [ ] _____ _____ @ _____
- [ ] _____ _____ @ _____
- [ ] _____ _____ @ _____
- [ ] _____ _____ @ _____

FOLLOW-UP NAMES & NUMBERS

NAME: _____   NAME: _____
PHONE: _____   PHONE: _____
ADDRESS: _____   ADDRESS: _____
_____   _____
EMAIL: _____   EMAIL: _____

NAME: _____   NAME: _____
PHONE: _____   PHONE: _____
ADDRESS: _____   ADDRESS: _____
_____   _____
EMAIL: _____   EMAIL: _____

NAME: _____   NAME: _____
PHONE: _____   PHONE: _____
ADDRESS: _____   ADDRESS: _____
_____   _____
EMAIL: _____   EMAIL: _____

NOTES

_____
_____
_____
_____
_____

"Inspirations never go in for long engagements.
They demand immediate marriage to action."

– Brendan Francis

ACTION PLAN: **DATE:** _____   **FOLLOW-UP**

- [ ] _____
- [ ] _____
- [ ] _____
- [ ] _____
- [ ] _____
- [ ] _____
- [ ] _____
- [ ] _____
- [ ] _____
- [ ] _____
- [ ] _____
- [ ] _____
- [ ] _____
- [ ] _____
- [ ] _____
- [ ] _____
- [ ] _____
- [ ] _____
- [ ] _____
- [ ] _____
- [ ] _____
- [ ] _____
- [ ] _____
- [ ] _____

REMINDERS

_____
_____
_____
_____
_____

KEY

☑ Action item completed   ☒ See follow-up Action item

• Left Message   ☐ Action still to do

FOLLOW-UP ACTION ITEMS

	DATE	TIME
☐		@
☐		@
☐		@
☐		@
☐		@
☐		@
☐		@
☐		@
☐		@
☐		@
☐		@
☐		@
☐		@

FOLLOW-UP NAMES & NUMBERS

NAME: _____ NAME: _____
PHONE: _____ PHONE: _____
ADDRESS: _____ ADDRESS: _____
_____ _____
EMAIL: _____ EMAIL: _____

NAME: _____ NAME: _____
PHONE: _____ PHONE: _____
ADDRESS: _____ ADDRESS: _____
_____ _____
EMAIL: _____ EMAIL: _____

NAME: _____ NAME: _____
PHONE: _____ PHONE: _____
ADDRESS: _____ ADDRESS: _____
_____ _____
EMAIL: _____ EMAIL: _____

NOTES

_____
_____
_____
_____
_____

"Action is the antidote to despair."
– Joan Baez

ACTION PLAN: DATE: _____   FOLLOW-UP

REMINDERS

KEY
☑ Action item completed   ☒ See follow-up Action item
⊡ Left Message   ☐ Action still to do

FOLLOW-UP ACTION ITEMS

	DATE	TIME
☐ _____	_____	@ _____
☐ _____	_____	@ _____
☐ _____	_____	@ _____
☐ _____	_____	@ _____
☐ _____	_____	@ _____
☐ _____	_____	@ _____
☐ _____	_____	@ _____
☐ _____	_____	@ _____
☐ _____	_____	@ _____
☐ _____	_____	@ _____
☐ _____	_____	@ _____
☐ _____	_____	@ _____
☐ _____	_____	@ _____
☐ _____	_____	@ _____

FOLLOW-UP NAMES & NUMBERS

NAME: _____
PHONE: _____
ADDRESS: _____
_____
EMAIL: _____

NAME: _____
PHONE: _____
ADDRESS: _____
_____
EMAIL: _____

NAME: _____
PHONE: _____
ADDRESS: _____
_____
EMAIL: _____

NAME: _____
PHONE: _____
ADDRESS: _____
_____
EMAIL: _____

NAME: _____
PHONE: _____
ADDRESS: _____
_____
EMAIL: _____

NAME: _____
PHONE: _____
ADDRESS: _____
_____
EMAIL: _____

NOTES

_____
_____
_____
_____
_____

"The only thing that is ever foolish about a dream is not to act on it."

– Pat Croce

ACTION PLAN: DATE: FOLLOW-UP

REMINDERS

KEY   ☑ Action item completed   ☒ See follow-up Action item
         ⊡ Left Message   ☐ Action still to do

CELEBRATE

FOLLOW-UP ACTION ITEMS

	DATE	TIME

☐ _____ _____ @ _____
☐ _____ _____ @ _____
☐ _____ _____ @ _____
☐ _____ _____ @ _____
☐ _____ _____ @ _____
☐ _____ _____ @ _____
☐ _____ _____ @ _____
☐ _____ _____ @ _____
☐ _____ _____ @ _____
☐ _____ _____ @ _____
☐ _____ _____ @ _____
☐ _____ _____ @ _____
☐ _____ _____ @ _____
☐ _____ _____ @ _____

FOLLOW-UP NAMES & NUMBERS

NAME: _____   NAME: _____
PHONE: _____   PHONE: _____
ADDRESS: _____   ADDRESS: _____
_____   _____
EMAIL: _____   EMAIL: _____

NAME: _____   NAME: _____
PHONE: _____   PHONE: _____
ADDRESS: _____   ADDRESS: _____
_____   _____
EMAIL: _____   EMAIL: _____

NAME: _____   NAME: _____
PHONE: _____   PHONE: _____
ADDRESS: _____   ADDRESS: _____
_____   _____
EMAIL: _____   EMAIL: _____

NOTES

_____
_____
_____
_____
_____

"There are risks and costs to a program of action but they are far less than the long range risks and costs of comfortable inactions."

– John F. Kennedy

ACTION PLAN:　　　　**DATE:** _____　　　　**FOLLOW-UP**

REMINDERS

_____

_____

_____

_____

_____

KEY

☑ Action item completed　　　☒ See follow-up Action item

◉ Left Message　　　　☐ Action still to do

MOTIVATE

FOLLOW-UP ACTION ITEMS   DATE   TIME

- [ ] _____ _____ @ _____
- [ ] _____ _____ @ _____
- [ ] _____ _____ @ _____
- [ ] _____ _____ @ _____
- [ ] _____ _____ @ _____
- [ ] _____ _____ @ _____
- [ ] _____ _____ @ _____
- [ ] _____ _____ @ _____
- [ ] _____ _____ @ _____
- [ ] _____ _____ @ _____
- [ ] _____ _____ @ _____
- [ ] _____ _____ @ _____
- [ ] _____ _____ @ _____
- [ ] _____ _____ @ _____

FOLLOW-UP NAMES & NUMBERS

NAME: _____   NAME: _____
PHONE: _____   PHONE: _____
ADDRESS: _____   ADDRESS: _____
_____   _____
EMAIL: _____   EMAIL: _____

NAME: _____   NAME: _____
PHONE: _____   PHONE: _____
ADDRESS: _____   ADDRESS: _____
_____   _____
EMAIL: _____   EMAIL: _____

NAME: _____   NAME: _____
PHONE: _____   PHONE: _____
ADDRESS: _____   ADDRESS: _____
_____   _____
EMAIL: _____   EMAIL: _____

NOTES

_____
_____
_____
_____
_____

"For all the sad words of tongue and pen, the sad-dest are these: 'It might have been!'"

– John Whittier

ACTION PLAN: **DATE:** _____   FOLLOW-UP

☐ _____ ☐
☐ _____ ☐
☐ _____ ☐
☐ _____ ☐
☐ _____ ☐
☐ _____ ☐
☐ _____ ☐
☐ _____ ☐
☐ _____ ☐
☐ _____ ☐
☐ _____ ☐
☐ _____ ☐
☐ _____ ☐
☐ _____ ☐
☐ _____ ☐
☐ _____ ☐
☐ _____ ☐
☐ _____ ☐
☐ _____ ☐
☐ _____ ☐
☐ _____ ☐
☐ _____ ☐
☐ _____ ☐
☐ _____ ☐
☐ _____ ☐

REMINDERS

_____
_____
_____
_____
_____

KEY

☑ Action item completed   ☒ See follow-up Action item
▣ Left Message   ☐ Action still to do

UNIQUE

FOLLOW-UP ACTION ITEMS

	DATE	TIME
☐ _____	_____	@ _____
☐ _____	_____	@ _____
☐ _____	_____	@ _____
☐ _____	_____	@ _____
☐ _____	_____	@ _____
☐ _____	_____	@ _____
☐ _____	_____	@ _____
☐ _____	_____	@ _____
☐ _____	_____	@ _____
☐ _____	_____	@ _____
☐ _____	_____	@ _____
☐ _____	_____	@ _____
☐ _____	_____	@ _____
☐ _____	_____	@ _____

FOLLOW-UP NAMES & NUMBERS

NAME: _____
PHONE: _____
ADDRESS: _____
_____
EMAIL: _____

NAME: _____
PHONE: _____
ADDRESS: _____
_____
EMAIL: _____

NAME: _____
PHONE: _____
ADDRESS: _____
_____
EMAIL: _____

NAME: _____
PHONE: _____
ADDRESS: _____
_____
EMAIL: _____

NAME: _____
PHONE: _____
ADDRESS: _____
_____
EMAIL: _____

NAME: _____
PHONE: _____
ADDRESS: _____
_____
EMAIL: _____

NOTES

_____
_____
_____
_____
_____

"Was that your very best?" It's a question that you should ask all the time. And either way you answer it, if you're honest, it will steer you true."

– Pat Croce

ACTION PLAN: DATE: _____   FOLLOW-UP

REMINDERS

KEY
☑ Action item completed   ☒ See follow-up Action item
⊡ Left Message   ☐ Action still to do

FOLLOW-UP ACTION ITEMS

	DATE	TIME
☐ _____	_____	@ _____
☐ _____	_____	@ _____
☐ _____	_____	@ _____
☐ _____	_____	@ _____
☐ _____	_____	@ _____
☐ _____	_____	@ _____
☐ _____	_____	@ _____
☐ _____	_____	@ _____
☐ _____	_____	@ _____
☐ _____	_____	@ _____
☐ _____	_____	@ _____
☐ _____	_____	@ _____
☐ _____	_____	@ _____
☐ _____	_____	@ _____

FOLLOW-UP NAMES & NUMBERS

NAME: _____
PHONE: _____
ADDRESS: _____
_____
EMAIL: _____

NAME: _____
PHONE: _____
ADDRESS: _____
_____
EMAIL: _____

NAME: _____
PHONE: _____
ADDRESS: _____
_____
EMAIL: _____

NAME: _____
PHONE: _____
ADDRESS: _____
_____
EMAIL: _____

NAME: _____
PHONE: _____
ADDRESS: _____
_____
EMAIL: _____

NAME: _____
PHONE: _____
ADDRESS: _____
_____
EMAIL: _____

NOTES

_____
_____
_____
_____
_____